CATALOGUE

D'UNE TRÈS BELLE RÉUNION

DE

PORCELAINES

ANCIENNES ET MODERNES,

BRONZES,

Pendules, Candelabres, Lustres, Vases, Jardinières, Lampes, Coffres, Écritoires, Coupes, Plateaux, Pièces de service et de surtout, Porcelaines de Sèvres et autres, en pâte tendre, Porcelaines de Chine ;

MEUBLES EN MARQUETERIE DE BOULE ET BOIS ROSE,

Ornés de Bronzes et de Plaques en Porcelaine,

OBJETS D'ART ET DE CURIOSITÉ,

DONT LA VENTE AUX ENCHÈRES PUBLIQUES AURA LIEU,

Après Cessation de Commerce de M. BERNARD, Fabricant de Bronzes,

En vertu d'autorisation du Tribunal de Commerce de la Seine, du 16 Octobre 1846,

HOTEL DES VENTES MOBILIÈRES

SALLE N° 2,

RUE DES JEUNEURS, N. 16,

Les Lundi 7 et Mardi 8 Décembre 1846, à midi.

Par le ministère de Me RIDEL, Commissaire-Priseur, rue Saint-Honoré, 335.

Assisté de M. ROUSSEL, rue Saint-Georges, 6.

EXPOSITION PUBLIQUE

Le Dimanche 6 Décembre, de midi à 5 heures.

LE CATALOGUE SE DISTRIBUE

Chez MM. { RIDEL, Commissaire-Priseur, 335, rue St-Honoré ;
Roussel, rue Saint-Georges, 6.

PARIS

IMPRIMERIE ET LITHOGRAPHIE DE MAULDE ET RENOU,
Rue Bailleul, 9 et 11.

1846.

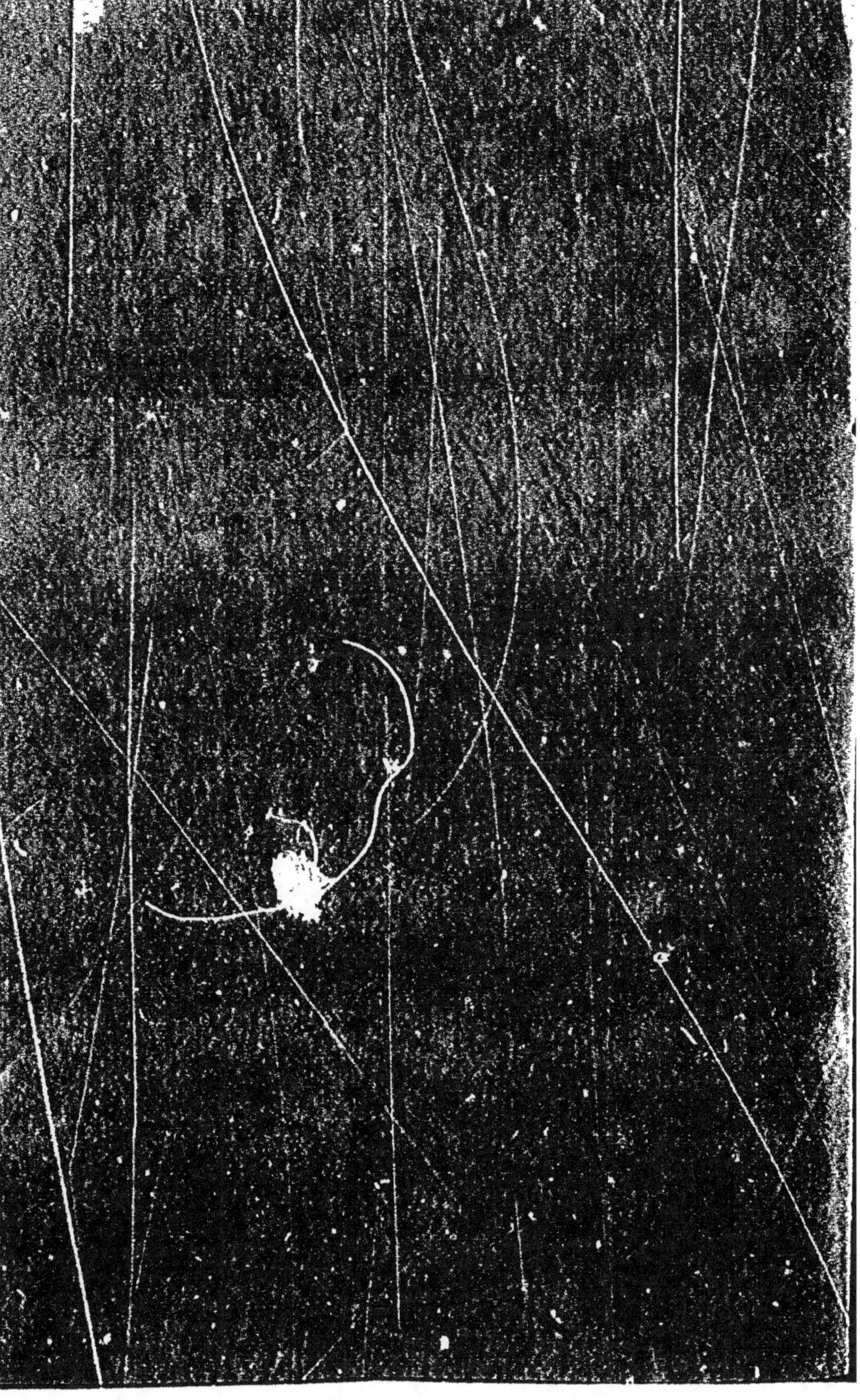

CATALOGUE

D'UNE TRÈS BELLE RÉUNION

DE

PORCELAINES

ANCIENNES ET MODERNES,

BRONZES,

Pendules, Candelabres, Lustres, Vases, Jardinières, Lampes, Coffres, Ecritoires, Coupes, Plateaux, Pièces de service et de surtout, Porcelaines de Sèvres et autres, en pâte tendre, Porcelaines de Chine;

MEUBLES EN MARQUETERIE DE BOULE ET BOIS ROSE,

Orné de Bronzes et de Plaques en Porcelaine

OBJETS D'ART ET DE CURIOSITÉ,

DONT LA VENTE AUX ENCHÈRES PUBLIQUES AURA LIEU,

Après Cessation de Commerce de M. BERNARD, Fabricant de Bronzes,

En vertu d'autorisation du Tribunal de Commerce de la Seine, du 16 Octobre 1846,

HOTEL DES VENTES MOBILIÈRES

SALLE N° 2,

RUE DES JEUNEURS, N. 16,

Les Lundi 7 et Mardi 8 Décembre 1846, à midi.

Par le ministère de M° RIDEL, Commissaire-Priseur, rue Saint-Honoré, 335.

Assisté de M. ROUSSEL, rue Saint-Georges, 6.

EXPOSITION PUBLIQUE

Le Dimanche 6 Décembre, de midi à 5 heures.

LE CATALOGUE SE DISTRIBUE

Chez MM. | RIDEL, Commissaire-Priseur, 335, rue St-Honoré;
Roussel, rue Saint-Georges, 6.

PARIS

IMPRIMERIE ET LITHOGRAPHIE DE MAULDE ET RENOU,
Rue Bailleul, 9 et 11.

1846.

CONDITIONS DE LA VENTE.

Elle sera faite au comptant.

Les acquéreurs paieront, en sus des adjudications, 5 centimes par franc, applicables aux frais de vente.

CATALOGUE

DE BRONZES

ET OBJETS DE CURIOSITÉ.

DÉSIGNATION

Porcelaines montées en bronze doré.

1 — Une grande paire de vases du Japon de 1 mètre 35 cent. de haut, à dessins bleus et rouges rehaussés d'or, monture très riche à deux anses formées par des figures.

2 — Une pendule à pavillon orné de colonnes et de plaques de porcelaine avec peintures d'après Boucher et d'après Greuse (un mètre de haut), monture très riche à bronze doré.

3 — Une paire de vases à candelabres de sept lumières à Lys (1 mètre de haut), porcelaine bleu-clair à dessins d'or avec médaillons à portraits de femmes célèbres du règne de Louis XV.

4 — Une grande paire de lampes bleu au grand
feu, avec médaillons, pâte tendre à portraits de femme; très riche monture en
cuivre doré.

5 — Une pendule de forme architecturale avec
plaques de porcelaine ornées de sujets
d'après Boucher et de fleurs.

6 — Une paire de candelabres à lys avec peintures sur porcelaine à sujets et fleurs.

7 — Une paire de grands vases, style oriental,
avec de riches arabesques et belle monture en cuivre doré.

8 — Une paire de lampes, porcelaine bleu turquoise avec miniatures, portraits de
femmes célèbres du règne de Louis XV.

9 — Une paire de lampes semblables aux précé-
dentes.

10 — Une paire de lampes à cascade formant Jardinière, porcelaine bleu turquoise à médaillons d'oiseaux.

11 — Une paire de vases, pot-pourri, bleu turquoise à médaillons à sujets, d'après
Watteau ; monture à anses très riches.

12 — Une paire de vases pot-pourri semblables
aux précédents.

13 — Une grande paire de lampes, vase bleu
turquoise à médaillons à portraits de
femmes et de fleurs ; monture très riche
à enfants.

14 — Une paire de lampes à enfants portant des sphères, porcelaine bleu turquoise à médaillons d'oiseaux et de fleurs.

15 — Une paire de lampes à longs cols, médaillons Boucher.

16 — Une paire de lampes vases, bleu turquoise, à médaillons d'après Boucher.

17 — Une paire de vases, portraits de femme du règne de Louis XV.

18 — Une corbeille bleu turquoise avec arabesques en relief et dorées, peinture à sujets d'après Boucher.

19 — Une jardinière bleu au grand feu, avec médaillons à sujets d'après Watteau.

20 — Une lampe bleu turquoise à médaillons d'enfants, d'après Boucher, et fleurs.

21 — Une paire de lampes à modérateur, bleu turquoise à cartels d'oiseaux.

22 — Une paire de lampes bleu turquoise, à médaillons d'enfants, d'après Boucher, et fleurs.

23 — Une paire de vases forme poire, bleu turquoise, à médaillons d'enfants, d'après Boucher.

24 — Une paire de flacons formant vases, bleu turquoise, à médaillons d'enfants, d'après Boucher.

25 — Une paire de candelabres à lys et enfants, socle en porcelaine bleu turquoise décorée d'enfants et de fleurs.

26 — Une paire de vases, bleu turquoise et
fleurs, formant candelabres à trois branches de tulipes.

27 — Une paire de vases à sujets de Boucher, fond
bleu turquoise.

28 — Une paire de vases à sujets de Boucher, fond
bleu turquoise.

29 — Une paire de candelabres à enfant portant
des branches de lys.

30 — Une paire de grands vases, bleu turquoise,
à sujets d'après Watteau, avec très riche
monture en cuivre doré.

31 — Une paire de vases sujet Watteau, bleu
turquoise.

32 — Une paire de huires de forme très élégante,
bleu turquoise, avec médaillons à sujets
d'après Boucher.

33 — Un coffre de mariage à pans, garni de plaques en porcelaine bleu turquoise décorée de sujets et de fleurs; meuble très
riche.

34 — Une paire de coupes bleu au grand feu,
décorées d'arabesques en or et platine
du plus bel effet; monture style renaissance.

35 — Une pendule avec figure d'enfant, ornée de
plaques en porcelaine bleu turquoise à
sujet d'après Watteau, et fleurs.

36 Une paire de candelabres à tête de lion, vase
bleu turquoise à médaillons, d'après
Watteau, et branches de tulipes.

37 — Une paire de lampes porcelaine bleu au grand feu, sujet de Boucher.

38 — Un sucrier bleu au grand feu, avec sujets d'après Watteau et médaillons à portraits de femme; monté en cassolette.

39 — Une paire de vases pour lampes, couleur pourpre, avec sujet de jeux d'enfants d'après Boucher.

40 — Une paire de grands vases porcelaine bleu turquoise, à sujets d'après Watteau; non montés.

41 — Une paire de lampes à portrait de femme.

42 — Une paire de buires, bleu turquoise, à oiseaux et fleurs.

43 — Une paire de vases bleu turquoise, à médaillons, sujets pastoraux.

44 — Un vase, id. id.

45 — Une coupe ovale à rubans, bleu turquoise.

46 — Une coupe id. id.

47 — Une coupe renaissance à belles arabesques, rose et or sur fond bleu.

48 — Une paire de lampes, bleu au grand feu, dessin Niel.

49 — Une paire de lampes dans des vases en porcelaine du Japon.

50 — Une paire de lampes Niel sur blanc.

51 — Une paire de lampes, bleu au grand feu, dessin Niel.

52 — Une paire de lampes chinoises.

53 — Une pendule, monture à griffons, avec plaques de porcelaine dont une représente la Vierge au jardin d'après Raphaël.

54 — Une paire de vases à griffons et tulipes.

55 — Une paire de vases, monture à griffons avec candelabres à tulipes, vases bleu turquoise à médaillons d'après Watteau.

56 — Une paire de vases à griffons et tulipes, d'après Watteau.

57 — Une pendule, monture à griffons avec plaques de porcelaine dont une représente la Vierge aux raisins.

58 — Une pendule, style du temps de Louis XVI, ornée de plaques en porcelaine décorées de fleurs.

59 — Une grande paire de candelabres à lys à quatre lumières, vases poires, bleu turquoise à médaillons de fleurs et têtes de chérubins.

60 — Une pendule à enfant, avec peinture sur porcelaine représentant la Vierge aux raisins.

61 — Une grande corbeille ovale bleu turquoise, avec médaillons à sujets pastoraux d'après Watteau, monture élégante et riche.

62 — Une grande paire de candelabres à neuf lumières, monture rocaille et porcelaine bleu turquoise, décorée de fleurs et de portraits.

63 — Une paire de candelabres triangulaires, bleu turquoise à sujets d'après Watteau, à quatre lumières tulipes.

64 — Une pendule à enfants, entièrement en porcelaine dans le style Louis XVI, avec guirlandes de fleurs.

65 — Une pendule à enfants, avec écusson en porcelaine à sujet d'après Watteau.

66 — Une pendule, style Louis XV, à deux médaillons en porcelaine avec portraits de femmes.

67 — Une pendule à ceps de vignes, porcelaine bleu turquoise, décorée d'oiseaux et de fleurs.

68 — Un lustre à quinze lumières, porcelaine bleu turquoise à enfants d'après Boucher et fleurs.

69 — Un lustre à quinze lumières en cristal bleu.

70 — Un lustre à douze lumières, porcelaine bleu turquoise décorée de fleurs.

71 — Une jardinière bleu turquoise à médaillons de fleurs et de fruits.

72 — Une paire de candelabres à lys, bleu turquoise.

73 — Une pendule, style Louis XVI, avec peintures sur porcelaine bleu turquoise.

74 — Une paire de candelabres à quatre lumières, branches de pavots.

75 — Une paire de flacons, porcelaine bleue, avec médaillons d'oiseaux et de fleurs entourés d'émaux.

76 — Une paire de flacons, dito.

77 — Une paire de flacons, dito.

78 — Une écritoire de boudoir, porcelaine bleu turquoise à médaillons d'amour d'après Boucher.

79 — Une écritoire de boudoir, dito.

80 — Une écritoire de boudoir, dito.

81 — Une écritoire de boudoir, dito.

82 — Une écritoire de boudoir, dito.

83 — Une écritoire de boudoir, dito.

84 — Une écritoire en porcelaine bleu turquoise.

85 — Une écritoire en porcelaine dito.

86 — Une écritoire en porcelaine noire et bleue.

87 — Une écritoire avec fleurs, porcelaine.

88 — Une paire de flambeaux, bleu au grand feu.

89 — Une paire de flambeaux chinois.'

90 — Une paire de coupes sur piédestaux avec sujets d'amours d'après Boucher.

91 — Une paire de petits vases, bleu au grand feu, à arabesques d'or et de platine.

92 — Une paire de petits pots chinois.

93 — Un petit porte-bouquet à enfant.

94 — Un petit porte-bouquet à enfant.

95 — Une paire de flacons chinois de forme carrée.

96 — Une paire de petits flacons bleu au grand feu.

97 — Un vase seul, porcelaine turquoise.

98 — Une boîte à thé seule porcelaine.

99 — Une paire de flacons en porcelaine.

100 — Une paire de pots à dessins cachemires, porcelaine.

101 — Une paire de carafes, émaux.

102 — Une paire de carafes avec des fleurs, porcelaine.

103 — Une paire de flambeaux, porcelaine.

104 — Une paire de flambeaux, porcelaine.

105 — Une paire de flambeaux, porcelaine.

106 — Une paire de flambeaux, porcelaine.

107 — Une paire de flambeaux, porcelaine.

108 — Une plaque, les petits Savoyards, sur porcelaine.

109 — Une plaque. Ninon et Lachâtre, sur porcelaine.

110 — Une plaque. La Trompette, sur porcelaine.

111 — Une plaque. Sujet d'après Watteau, sur porcelaine.

112 — Une plaque. Sujet d'après Watteau, sur
porcelaine.

113 — Une plaque. Sujet d'après Watteau, sur
porcelaine.

114 — Une plaque. Sujet d'après Watteau, sur porcelaine.

115 — Un pot chinois, sur porcelaine.

116 — Une paire de pots du Japon.

117 — Une paire de pots pourpres.

118 — Une paire de pots renaissance.

119 — Une paire de pots renaissance, Niel sur
blanc.

Porcelaines de Sèvres ancien tendre

ET PORCELAINES TENDRES, MONTÉES EN BRONZE DORÉ.

120 — Une paire de grands vases bleu turquoise à
à médaillons à sujets, monture riche et
élégante avec socles garnis de plaques en
porcelaine décorée de fleurs.

121 — Une grande paire de vases, forme du temps
de Louis XV, bleu turquoise à médaillons
à sujets d'après Watteau, avec bouquets
de lis.

122 — Une pendule régence avec plaques de porcelaine à sujets, d'après Boucher, et bouquets de fleurs.

123 — Une pendule régence.   Dito.

124 — Une pendule à enfant. Sujet d'après Boucher.

125 — Une paire de vases bleu turquoise avec médaillons à sujets d'après Watteau.

126 — Une paire de lampes de forme cylindrique,
bleu turquoise avec médaillons à sujets
d'après Boucher.

127 — Une paire de sceaux, première grandeur,
bleu turquoise à médaillons à sujets, d'a-
près Boucher, monture à figures très
riches.

128 — Une pendule, style Louis XV, à sujet d'a-
près Boucher.

129 — Une pendule à pavillon, cadran tournant,
ornée de plaques en porcelaine bleu tur-

quoise, et d'un groupe en porcelaine de Saxe.

130 — Une pendule, style Louis XVI, ornée de plaques en porcelaine bleu turquoise, à sujets d'enfants et de fleurs.

131 — Une pendule à cygnes et enfants avec plaques en porcelaine bleu turquoise, ornée de sujets d'après Boucher et de portraits de femmes.

132 — Une paire de vases, forme sceaux, bleu turquoise à médaillons de fleurs.

133 — Une paire de sceaux, dito à médaillons d'amours d'après Boucher.

134 — Un coffre de mariage à pans, orné de plaques en porcelaine bleu turquoise à médaillons d'enfants et fleurs.

135 — Une paire de vases bleu turquoise à médaillons, d'après Watteau.

136 — Un grand plateau rond bleu turquoise à médaillons d'après Boucher, et fleurs, monture à trépied.

137 — Un grand plateau ovale bleu turquoise à médaillon. Sujet pastoral d'après Boucher.

138 — Une paire de vases bleu turquoise, à médaillon à portraits de Marie-Antoinette et de madame Lamblin.

139 — Une paire de vases dito, à sujets d'après Watteau.

140 — Un plateau lozange bleu turquoise, à sujets d'après Boucher.

141 — Un plateau carré dito.

142 — Un vase seul bleu turquoise, à sujet d'après Boucher.

143 — Une paire de flambeaux, bleu turquoise et fleurs.

144 — Un sucrier ovale à plateau, bleu turquoise, à sujets d'après Watteau.

145 — Un sucrier et plateau dito.

146 — Un plateau.

147 — Un plateau.

148 — Un portrait.

149 — Un portrait.

150 — Une grande plaque.

151 — Une grande plaque.

152 — Un plateau.

153 — Un plateau.

154 — Un portrait.

155 — Un portrait.

156 — Un portrait.

157 — Un portrait.

158 — Un portrait.

159 — Un plateau.

160 — Un plateau.

161 — Un plateau.

162 — Une coupe.

163 — Une coupe.

164 — Une coupe.

165 — Une coupe.

166 — Une coupe.

167 — Une coupe.

168 — Une coupe.

169 — Une coupe.

Dorure au mat.

170 — Une pendule tout bronze, doré au mat. Molière lisant son *Tartuffe* à Ninon.

171 — Deux candelabres accompagnant la pendule ci-dessus.

Porcelaines diverses.

172 — Une paire de bouteilles, monstres et fleurettes.

173 — Deux groupes de chasseurs.

174 — Une paire de vases extra, à fleurettes et perroquet.

175 — Une paire de vases mascarons, première grandeur, à fleurs.

176 — Une paire de potiches, fleurs et fruits.

177 — Quatre groupes, façon Saxe.

178 — Une paire de figures, façon Saxe. Florian.

179 — Une paire de vases mascarons, décors étrusques.

180 — Deux vases grecs, tournés à fleurettes.

181 — Un petit vase, anses tulipes, sujets riches.

182 — Une paire de vases, boules de neige à fleurettes.

183 — Une paire de candelabres, fond vert riche.

184 — Une paire de vases rocaille.

185 — Une paire de vases de Chine, céladon bleu et blanc.

186 — Une   dito   dito   rouge.

187 — Une   dito   dito   flammé.

188 — Une paire de bouteilles de Chine, céladon vert et bleu.

189 — Une paire de bouteilles, céladon vert et bleu.

190 — Un carton de fleurs en porcelaine.

191 — Un lot de plaques en porcelaine tendre, décorées.

Meubles.

192 — Une paire de meubles en bois rose, à deux portes garnies de deux plaques en porcelaine tendre, décors fond turquoise et à fleurs, et avec ornements en bronze, dessus en marbre blanc.

193 — Une paire de meubles en bois rose, à une porte, garnis de deux plaques en porcelaine tendre, décors fond turquoise et à fleurs, ornements en bronze, dessus en marbre blanc.

194 — Une paire d'étagères à deux tablettes, en marqueterie de Boule, à deux portes, avec ornements en bronze.

195 — Une très belle paire de meubles, forme cintrée, en bois rose, garnie de dix plaques en porcelaine fond vert, décors à sujets et fleurs, et avec ornements en bronze.

196 — Une paire de meubles en bois rose, marqueterie de bois à fleurs, garnis de bronze.

197 — Un meuble en marqueterie, porte pleine, avec ornements en bronze.

198 — Un guéridon en marqueterie, orné de bronzes.

199 — Un bureau en marqueterie   id.

200 — Deux jardinières en bois rose   id.

1831   Imp. Maulde et Renou, r. Bailleul, 9 et 11.